# BEI GRIN MACHT SICH IHR WISSEN BEZAHLT

- Wir veröffentlichen Ihre Hausarbeit, Bachelor- und Masterarbeit

- Ihr eigenes eBook und Buch - weltweit in allen wichtigen Shops

- Verdienen Sie an jedem Verkauf

Jetzt bei www.GRIN.com hochladen und kostenlos publizieren

**Bibliografische Information der Deutschen Nationalbibliothek:**

Die Deutsche Bibliothek verzeichnet diese Publikation in der Deutschen Nationalbibliografie; detaillierte bibliografische Daten sind im Internet über http://dnb.d-nb.de/ abrufbar.

Dieses Werk sowie alle darin enthaltenen einzelnen Beiträge und Abbildungen sind urheberrechtlich geschützt. Jede Verwertung, die nicht ausdrücklich vom Urheberrechtsschutz zugelassen ist, bedarf der vorherigen Zustimmung des Verlages. Das gilt insbesondere für Vervielfältigungen, Bearbeitungen, Übersetzungen, Mikroverfilmungen, Auswertungen durch Datenbanken und für die Einspeicherung und Verarbeitung in elektronische Systeme. Alle Rechte, auch die des auszugsweisen Nachdrucks, der fotomechanischen Wiedergabe (einschließlich Mikrokopie) sowie der Auswertung durch Datenbanken oder ähnliche Einrichtungen, vorbehalten.

**Impressum:**

Copyright © 1978 GRIN Verlag
Druck und Bindung: Books on Demand GmbH, Norderstedt Germany
ISBN: 9783668757042

**Dieses Buch bei GRIN:**

https://www.grin.com/document/434381

Volker Beckmann

# Zusammenfassende Darstellung der wichtigsten Thesen, Argumente und Probleme der Ideologietheorie von Marx und Engels und ihrer Weiterentwicklung durch Lenin

**GRIN - Your knowledge has value**

Der GRIN Verlag publiziert seit 1998 wissenschaftliche Arbeiten von Studenten, Hochschullehrern und anderen Akademikern als eBook und gedrucktes Buch. Die Verlagswebsite www.grin.com ist die ideale Plattform zur Veröffentlichung von Hausarbeiten, Abschlussarbeiten, wissenschaftlichen Aufsätzen, Dissertationen und Fachbüchern.

**Besuchen Sie uns im Internet:**

http://www.grin.com/

http://www.facebook.com/grincom

http://www.twitter.com/grin_com

Universität Bielefeld
Fakultät für Geschichtswissenschaft und Philosophie
Veranstaltung: Grundprobleme der marxistischen
              Geschichtstheorie (Grundseminar III)
Sommersemester 1978

Student: Volker Beckmann


Zusammenfassende Darstellung der wichtigsten
Thesen, Argumente und Probleme der Ideologietheorie von Marx und Engels und ihrer Weiterentwicklung
durch Lenin

**Inhalt**

1. Einleitung.................................................................... 3
2. Zu den Folgen der Arbeitsteilung......................................... 3
3. Zur Basis-Überbaulehre..................................................... 5
4. Die soziale Ideologiefunktion nach Sorg............................... 6
5. Warenproduktion und bürgerliches Bewusstsein................. 8
6. Die Weiterentwicklung des Ideologiebegriffs durch Lenin und der Charakter des sozialistischen Bewusstseins.............................................................. 12
7. Schlussteil.................................................................... 14
8. Literaturliste................................................................ 15

## 1. Einleitung

Richard Sorg fasst im ersten Teil seines Buches die Grundstrukturen der marxistisch-leninistischen Ideologietheorie zusammen. Der Autor unterscheidet zwischen begrenztem Ideologiebegriff und weiter gefasster Ideologietheorie. Der von Marx und Engels erstmals in dem Manuskript „Deutsche Ideologie" gebrauchte Terminus bezog sich auf die Vorstellung der Junghegelianer und ihres Lehrers, dass reale Dinge und historische Prozesse lediglich Abkömmlinge schon vorher existierender Ideen darstellen. Der Begriff Ideologie bedeutete bei Marx „bürgerliches", „metaphysisches", „verkehrtes" und „apologetisches" Bewusstsein.[1] Die Methode der Idealisten, historische Prozesse zu erklären, bezeichnete Marx schlicht als „unwissenschaftlich".

Eine Möglichkeit, die Kritik von Marx und Engels an den Überbauerscheinungen ihrer Zeit sowie die Fragen „nach den objektiven gesellschaftlichen Bedingungen für die Entstehung, Wirkung und Beseitigung jener Auffassungen" kennenzulernen, besteht darin, einige Thesen, Argumente und Probleme, mit denen sich Marx und Engels auseinandersetzten, zu lesen.[2]

Sorg selektiert einige Aspekte aus den Arbeiten von Marx, Engels und Lenin und versucht, sie kurz vorzustellen. Darüber hinaus legt Sorg in Anknüpfung an neuere Arbeiten Beschreibungen des Terminus Ideologie vor, die zwar nicht direkt Marxscher Feder zuzuschreiben sind, aber auf materialistischem Ansatz fußen. Eine These bei Sorg heißt: „Ideologie ist Klassenbewusstsein."

## 2. Zu den Folgen der Arbeitsteilung

Im Sitzungsprotokoll vom 11.5.1978 hielten wir fest, nachdem wir uns mit einem Abschnitt aus der „Deutschen Ideologie" beschäftigt hatten, dass Marx empirisch arbeitete mit dem Ziel, Zugang zur Wirklichkeit zu erhalten. Im Gegensatz zu den Hegelianern akzeptierte Marx in dieser Frühschrift als einzige Wissenschaft nur die der Geschichte. Unter empirischer Arbeit verstanden wir das Feststellen von Tatsachen mittels sinnlicher Wahrnehmung.

Marx ging nicht vom Menschen als Geistwesen aus, das einseitig-geistig bei der Bearbeitung der Natur sich selbst bewusst werde, sondern vom konkreten Menschen, der mit allen seinen Sinnen ein bewusstes Verhältnis eingeht zu seiner näheren Umgebung,

---

[1] Vgl. Seminarprotokoll vom 22.6.1978, S. 2.
[2] Sorg, Richard: Ideologietheorien. Zum Verhältnis von gesellschaftlichem Bewusstsein und sozialer Realität. Köln 1976, S. 18.

seiner Arbeit etc.

Das historische Faktum der Arbeitsteilung, das auf einer bestimmten Stufe anwachsender gesellschaftlicher Produktivität entstand, hatte aus marxistischer Sicht eine Anzahl negativer Folgen hinsichtlich des Verhältnisses der Menschen zu ihrer Arbeit, hinsichtlich der Verhältnisse der Menschen untereinander, hinsichtlich der Verhältnisse der Menschen zur Verwaltung.

Eine Folge der Arbeitsteilung war die Trennung in Kopf- und Handarbeiter. Das entfremdete Verhältnis der Kopfarbeit zur realen Handarbeit führte zur Entstehung einer reinen Theorie, zu einem Bewusstsein, das von der Praxis abgehoben war. Das Denken der Kopfarbeiter auf den Gebieten der Moral, Theologie und Philosophie bezeichnete Marx als „ideologisch".

Das Ergebnis der Arbeitsteilung zur Zeit wachsender gesellschaftlicher Produktivität und steigendem Mehrprodukts war die Trennung in Kopf- und Handarbeit, ermöglichte aber auch nach historischen Zwischenstufen die Entstehung von Privateigentum an den Produktionsmitteln einerseits und das Aufkommen von Lohnarbeitern andererseits. Kennzeichnend für die Teilung der Arbeit und der Produkte ist nach Sorg „[...] die Aufteilung der Tätigkeiten wie der Produkte an verschiedene soziale Gruppen [...]"[3]

Das Verhältnis aller Menschen zur Arbeit war nach Marx infolge der Arbeitsteilung nicht mehr gleich und allseitig, sondern verschieden und einseitig.

Die Gesellschaft, gespalten in Klassen und beherrscht von der Klasse, die über die materielle und geistige Produktion verfügte, fand nach Sorg in dem Staat den Vertreter eines fiktiven Allgemeininteresses wieder.[4] Die Voraussetzung, dem marxistisch-humanistischen Ideal des Menschenbildes näher zu kommen, d.h. dem arbeitenden Menschen die Möglichkeit der allseitigen Entfaltung der Fähigkeiten und Bedürfnisse zukommen zu lassen, besteht nach Marx u.a. in der Aufhebung der naturwüchsigen Arbeitsteilung (evtl. Ersatz durch eine „freiwillige" Teilung der Arbeit in der kommunistischen Gesellschaft) sowie in der Aufhebung des Privateigentums.[5]

---

3 Vgl. Sorg, S. 19.
4 Vgl. ebd., S. 20.
5 Marx, Karl: Deutsche Ideologie, in: Die Frühschriften. Hrsg. v. Siegfried Landshut. Stuttgart 1953, S. 361ff.

## 3. Zur Basis-Überbaulehre

Marx beschrieb in der „Deutschen Ideologie" die materialistische Auffassung, die davon ausgeht, dass das gesellschaftliche Bewusstsein auf den ökonomischen Bedingungen der Gesellschaft basiert. Im Vorwort der Schrift „Zur Kritik der Politischen Ökonomie" aus dem Jahre 1859 konkretisierte er diese Auffassung, indem er die Termini „Basis" und „Überbau" einführte. Nach Sorg lieferten die Gedanken im Vorwort dieser Schrift den Leitfaden, die theoretisch-methodische Grundlage für die weiteren historischen und ökonomischen Arbeiten von Marx.[6]

Darzustellen ist der Hintergrund des Marschen Satzes: '[...] Die Produktionsweise des materiellen Lebens bedingt den sozialen, politischen und geistigen Lebensprozess überhaupt. [...]'[7]

Nach Marx entwickeln die Menschen bei der gesellschaftlichen Produktion ihres Lebens Verhältnisse zu ihren Mitmenschen und zur Natur. Wirtschaftliches Bindeglied der Mensch-Natur Verhältnisse sind die Produktivkräfte (Werkzeuge, Maschinen, Rohstoffe; Mensch als Arbeitskraft mit seinen Kenntnissen). Abhängig z.B. vom Stand der Produktivkräfte gehen die Menschen untereinander bestimmte Produktionsverhältnisse ein. Nach Marx erkennt man das Typische einer Gesellschaft dadurch, dass man ihre wirtschaftliche Struktur, ihre Produktionsverhältnisse, ihre Basis beschreibt und erklärt.

Aufmerksamkeit schenkte Marx den Eigentumsverhältnissen einer Gesellschaft insofern, als sie großen Einfluss auf die Beziehungen der Menschen untereinander bei der gesellschaftlichen Produktion ihres Lebens haben. Nach Sorg üben die Eigentumsverhältnisse indirekt Herrschaft über die Menschen aus, indem sie über Austausch und Verteilung von Gütern und Tätigkeiten und den Ver- und Gebrauch von Waren bestimmen.

Nach Marx war die Folge des Zerfalls der durch die industrielle Entwicklung revolutionierten Gesellschaft in Produktionsmitteleigentümer und Lohnarbeiter, in verschiedene gesellschaftliche Klassen, die unterschiedliche Artikulation ihrer ökonomischen Interessen, ihrer Klasseninteressen.

Die Gesamtheit an Interessen, gesellschaftlichen Bewusstseinsformen, Institutionen und Organisationen nennt Marx den Überbau. Dieser spiegelt die ökonomischen Verhältnisse einer Gesellschaft wider, wobei nach Marx die ökonomisch herrschende Klasse besonderen Einfluss auf die Überbauformen gewinnt. Am augenfälligsten war nach Marx

---

6 Vgl. Sorg, S. 20f.
7 Zitiert nach Sorg, S. 21.

der Einfluss der ökonomisch herrschenden Klasse auf den Gebieten der Politik und des Rechts. Nach Sorg unterschied Engels zwischen institutionellem und ideellem Überbau. Beide Überbauformen, die sich z.b. in der real existierenden, gesellschaftlichen Institution und in der im Kopf oder auf dem Papier gebildeten Staatstheorie darstellen, teilen dieselbe Funktion, wenn sie apologetisch und die Herrschaft absichernd der ökonomisch herrschenden Klasse dienen.[8]

Die Basis-Überbau-Theorie lehrt, dass die Produktionsverhältnisse aktiven Einfluss auf die Gestaltung und Formulierung des gesellschaftlichen Überbaus haben. Sorg betont, dass sich Engels allerdings der relativen Eigendynamik und Selbstständigkeit des Überbaus bewusst war. Engels war der Meinung, dass Überbau- und Basisprozesse wechselseitige Wirkungen aufeinander ausüben. Engels vertrat die Vorstellung, das die politische Vertretung bzw. Lenkung der Interessen der Arbeiterklasse, deren Zukunftsziel die Diktatur des Proletariats darstellt, Veränderungen der Produktionsverhältnisse schneller herbeiführten, als der bloße Glaube an ökonomische Eigengesetzlichkeiten.[9]

Trotz aller Auffassungen, die die relative Eigenständigkeit des Überbaus betonen, blieb der Ausgangsgedanke bestehen, der dem Überbau eine aktive, der Basis die bestimmende Rolle bei gesellschaftlichen Prozessen zuschreibt.[10]

## 4. Die soziale Ideologiefunktion nach Sorg

Marx verwendete das Adjektiv „ideologisch" fast immer im Sinne von „idealistisch verkehrt". Er kritisierte mit dem Attribut das Bewusstsein der in Klassen gespaltenen Gesellschaft, das von den Veränderungen und Bedingungen der Basisprozesse losgelöst war. Sorg führt nun aber ein Zitat aus den Werken an, in dem das Attribut wertneutral, wenn nicht positiv benutzt wird. In diesem Zitat wird der Überbau, der die „ideologischen Formen" umfasst, also u.a. die politischen, künstlerischen, religiösen und philosophischen Überbauformen umgreift, als Ort gewürdigt, an dem ökonomische Veränderungen bewusst gemacht und politisch verwertet werden.[11] Nach Sorg bestimmen die Basisprozesse den Inhalt ihrer ideellen Widerspiegelung; die Funktion der Überbauformen bestehe darin, die im Kopf bewusst gemachten Veränderungen der Basis zu kanalisieren, sie strategisch und taktisch im politischen Geschehen zu verwerten.[12]

---

8 Vgl. Sorg, S. 24.
9 Vgl. ebd. S. 25.
10 Vgl. ebd., S. 26.
11 Vgl. ebd., 28f.
12 Vgl. ebd., S. 29.

Der Grund dafür, dass in der bürgerlich-antagonistischen Klassengesellschaft die Vielfalt der Basisprozesse unterschiedlich klassenspezifisch ausgedrückt und widergespiegelt werde, liege darin, dass jede Klasse ihre eigene Ideologie verfolgt, eine ihr genehme Struktur an Gefühlen, Lebensanschauungen, Werten und Zielsetzungen entwirft.[13]
Die Funktion der Religion als Ideologie der herrschenden Klasse in der Feudalzeit sei die Rechtfertigung und Sicherung der Verhältnisse gewesen.[14] Sorg beschreibt den Inhalt des Terminus Ideologie mit den Worten: „Gesamtheit der sozialen Erfahrungen und Gefühle, der Denkweisen und Lebensanschauungen, der moralischen Normen und praktischen Zielsetzungen einer Klasse."[15] Die sozialen Subjekte, Träger und Benutzer dieser Inhalte sind nach Sorg die Klassen. Nach Hahn definiert er kurz: „Klassenideologie ist Klassenbewusstsein." Die allgemeine soziale Funktion der Ideologie sieht Sorg nach Bauer in ihrer orientierenden, mobilisierenden und organisierenden Wirkung.[16]
Die spezielle Funktion der Ideologie für eine bestimmte Klasse richtet sich nach Sorg nach ihrer historischen Rolle und Stellung.
Gestützt auf das Marx-Zitat sowie auf die Arbeiten von Hahn und Bauer meint „Ideologie" nach dem Verständnis Sorgs etwas Positives und Lebenswichtiges. Sorg zitiert Bauer: '[...] Die mannigfaltigen Arten, die Basis der Gesellschaft widerzuspiegeln, entstehen also nicht zufällig. Sie werden durch die Notwendigkeit hervorgebracht, die materielle Produktion und Reproduktion der Gesellschaft in all ihren vielfältigen Momenten zu sichern. Die Differenziertheit des Austauschs der materiellen Tätigkeiten muss ihre Entsprechung in der Differenziertheit des ideologischen Lebens finden.'[17]
Zur Gegenüberstellung soll die Ideologiedefinition bei Lemberg zitiert werden, wobei hier Ideologie nicht als Klassenbewusstsein gedeutet wird sondern als Weltanschauung:
So „wäre die Ideologie zu werten als ein System von die Welt deutenden Vorstellungen (Ideen) und von daraus entwickelten Werten und Normen, das den einzelnen gesellschaftlichen Gruppen oder die menschliche Gesellschaft schlechthin veranlasst und befähigt zu handeln und also zu leben."[18]

---

13 Vgl. ebd., S. 31.
14 Vgl. ebd., S. 31.
15 Ebd., S. 31.
16 Vgl. ebd., S. 31.
17 Zitiert nach Sorg, S. 31.
18 Lemberg, Eugen: Ideologie und Gesellschaft. Eine Theorie der ideologischen Systeme, ihrer Struktur und Funktion. Stuttgart (Kohlhammer) 1971, S. 34.

Nach Sorg hat diejenige Ideologie, dasjenige Klassenbewusstsein, das seine Erfahrungen, Zielsetzungen und Interessen aus den sich verändernden Basisprozessen widergespiegelt bezieht, Stellvertreteranspruch auf die Wiedergabe des gesamten gesellschaftlichen Bewusstseins.[19] Der Wahrheitsgehalt einer Ideologie hängt nach Sorg davon ab, ob Veränderungen der Produktionsweise einer Gesellschaft flexibel und adäquat im Klassenbewusstsein berücksichtigt werden. Sorg führt ein Zitat aus den Werken an, in dem es heißt, dass sich in der von Marx und Engels beobachteten Industriegesellschaft die dominierende bürgerliche Klasse im Gegensatz zu den fortgeschrittenen Produktivkräften entwickelte. Je mehr sich die beherrschende Klasse von der sich ändernden Wirklichkeit entfernte, umso „heuchlerischer", „moralischer" und „heiliger" wurde ihre Sprache.[20] Im „Kapital" äußert sich Marx dahingehend, dass die Frage nach der Wahrheit in der bürgerlichen Forschung von der Absicht der Apologetik ersetzt wurde."[21]

## 5. Warenproduktion und bürgerliches Bewusstsein

Marx befasste sich bei der Untersuchung von Basisprozessen mit den Entwicklungsformen der Warenproduktion, den Austauschverhältnissen der in einer arbeitsteiligen, privatwirtschaftlichen Industriegesellschaft hergestellten Güter, mit den Bewegungen des Werts, mit den sich ändernden Wertgrößen. Besondere Aufmerksamkeit schenkte er der kapitalistischen Warenproduktion und ihren bewusstseinsmäßigen Entsprechungen, die sich charakterisieren in der eigentümlichen Verkehrung der Abhängigkeitsbedingungen von Produzent und Produkt[22], in der Vorstellung vom Kapital als selbstständige Produktivkraft.[23]

Arbeitsteilung und Privateigentum sind nach Marx die Ursachen dafür, dass die Austauschbeziehungen und die Arbeit nicht mehr wie in einer auf Gemeineigentum basierenden Wirtschaftsform unmittelbarer, sondern lediglich mittelbarer gesellschaftlicher Natur sind. In der arbeitsteiligen Privatwirtschaft, die auf den Austausch ihrer Produkte angewiesen ist, gewinnt die Arbeit nach Marx Doppelcharakter, indem sie a) konkrete Gebrauchswerte und b) abstrakte Tauschwerte schafft. Im einfachen Tauschhandel fungierte eine Ware als Äquivalent, als Wertkörper einer anderen Ware und drückte den relativen Wert der anderen Ware aus. Dadurch, dass konkrete menschliche Arbeit Waren

---

19 Vgl. Sorg, 32f.
20 Ebd., S. 32f.
21 Ebd., S. 32f.
22 Vgl. ebd., S. 40f.
23 Vgl. ebd., S. 38.

schafft, deren Wert die zu deren Herstellung notwendige Arbeitszeit ist, werden Waren austauschbar. Erst der Austausch der Privatarbeiten vermittelt das Verhältnis der Produzenten als mittelbar gesellschaftliches; im Austausch der Waren erscheinen Privatarbeiten als Teil gesellschaftlicher Gesamtarbeit. Der Fetischismus der Warenproduktion besteht nach Sorg darin, dass konkret-gesellschaftliche Arbeit im abstrakten Tauschwert von Dingen erscheint, dass die in der Produktion verausgabte lebendige Arbeitskraft dem eigenständigen Wert der Ware zugeschrieben wird.

Marx schreibt über den Fetischcharakter der Warenwelt:

„Den letzteren [i.e. den Produzenten] erscheinen daher die gesellschaftlichen Beziehungen ihrer Privatarbeiten als das, was sie sind, d.h. nicht als unmittelbar gesellschaftliche Verhältnisse der Personen in ihren Arbeiten selbst, sondern vielmehr als sachliche Verhältnisse der Personen und gesellschaftliche Verhältnisse der Sachen."[24]

Nach Sorg macht sich die Entwicklung der Warenproduktion an den Wandlungen der Wertform deutlich.[25] Während beim Tauschhandel eine zufällige Ware im Wertausdruck als Äquivalent einer anderen Ware diente, beschränkt sich die Form des Äquivalents in einem späteren Stadium der Warenproduktion auf die bestimmte Warenart des Geldes. Das Geld wurde zur allgemeinen Äquivalentform. Den Privatproduzenten „erscheint [...] die Beziehung ihrer Privatarbeiten zu der gesellschaftlichen Gesamtarbeit genau in dieser verrückten Form."[26]

Im kapitalistischen Zirkulationsprozess verkehre sich der Zweck der Warenproduktion, Gebrauchswerte herzustellen, in das bloße Mittel über die Verwertung der Ware Arbeitskraft, Geld in Mehrgeld zu verwandeln.[27] Die Arbeitskraft werde als variables Kapital verwertet. Der objektive Schein des Kapitalfetischismus bestehe darin, dass nicht der tätige Mensch gesellschaftlichen Reichtum erzeugt, sondern die Resultate der Tätigkeiten aus sich selbst heraus Werte schaffen.[28] Der Produzent, die Produktion werde zugunsten des Produktes in der kapitalistischen Warenproduktion degradiert.

An den Kategorien des absoluten und relativen Mehrwerts versuchte Marx aufzuzeigen, dass die Vorstellung vom Kapital als selbstständige Produktivkraft eine Illusion ist.

---

24 Karl Marx: Das Kapital I, zitiert nach: Herbert Reinoss (Bearb.): Karl Marx: Eine Auswahl aus seinem Werk. Gütersloh o.J., S. 398. [Marx: Das Kapital. Marx/Engels: Ausgewählte Werke, S. 3434 (vgl. MEW Bd. 23, S. 87)]
25 Vgl. Sorg, S. 37.
26 Karl Marx: Das Kapital I, zitiert nach: Herbert Reinoss (Bearb.): Karl Marx: Eine Auswahl aus seinem Werk. Gütersloh o.J., S. 401. [Marx: Das Kapital. Marx/Engels: Ausgewählte Werke, S. 3439 (vgl. MEW Bd. 23, S. 90)]
27 Vgl. Sorg, S. 40.
28 Vgl. Sorg, S. 38.

Für den Kapitaleigner ergebe sich die Aneignung von Mehrwert einmal dadurch, dass er den Arbeiter länger Werte produzieren lässt, als dieser zur Produktion des Äquivalents des Wertes seiner Arbeitskraft nötig hätte zu arbeiten. Bei der Produktion des absoluten Mehrwerts gehe es um die Länge des Arbeitstages.[29]

Zur Klärung des Sachverhalts der Produktion des relativen Mehrwerts unterteilt Marx den Arbeitstag in notwendige Arbeit und Mehrarbeit. Der Arbeiter produziere den relativen Mehrwert, indem er, einen begrenzten Arbeitstag und die Einführung neuer Produktionsmethoden vorausgesetzt, in kürzerer Zeit das Äquivalent des Wertes seiner Arbeitskraft schaffe.[30]

In einem Satz deutet Marx die Folgen der Einführungen neuer industrieller Techniken an: „[...] die Produktion des relativen Mehrwerts revolutioniert durch und durch die technischen Prozesse der Arbeit und gesellschaftlichen Gruppierungen."[31]

Zu diesem Satz ist anzumerken, dass die heutigen Gewerkschaften mit dem Problem „Rationalisierung" vertraut sind, das Problem des Arbeitsplatzverlustes immer stärker in den Tarifverträgen berücksichtigen und versuchen, arbeitslosen Gewerkschaftern mittels Umschulung zu helfen.

Marx beschäftigte sich kritisch mit der bürgerlichen Theorie der drei Produktionsfaktoren. An der trinitarischen Formel Kapital-Zins, Profit; Boden-Grundrente; Arbeit-Arbeitslohn versuchte er, Charakteristika der Kapitalfetischismen und ihre immanenten Widersprüche aufzuzeigen. Nach bürgerlicher Ökonomieauffassung verhält sich die Reihe Zins, Grundrente, Arbeitslohn wie Einkommensquellen zu ihren Früchten, Grund-Folge, Ursache-Wirkung.[32]

Nach Marx gibt es nur einen Produktionsfaktor: die lebendige Arbeitskraft. Kapital, Boden und Lohnarbeit sind nach Marx geschichtlich entwickelte gesellschaftliche Formen, die an bestimmte Eigentumsverhältnisse geknüpft sind. Kapital, das als Produkt der Tätigkeit der Arbeitskraft ihr selbstständig gegenübertritt, ist nach Marx zu beschreiben als abstrakte, geronnene Arbeit.[33]

---

29 Karl Marx: Das Kapital I, zitiert nach: Herbert Reinoss (Bearb.): Karl Marx: Eine Auswahl aus seinem Werk. Gütersloh o.J., S. 497ff.
30 Karl Marx: Das Kapital I, zitiert nach: Herbert Reinoss (Bearb.): Karl Marx: Eine Auswahl aus seinem Werk. Gütersloh o.J., S. 497ff.
31 Vgl. ebd.
32 Vgl. Karl Marx: Das Kapital III, zitiert nach: Herbert Reinoss (Bearb.): Karl Marx: Eine Auswahl aus seinem Werk. Gütersloh o.J., S. 559.
33 Vgl. Sorg, S. 34.

Boden, der Gebrauchswerte herstellt, insofern er Produkte erzeugt, tauge nicht allein zur Produktion. Die menschliche Arbeitskraft muss ihm zur Produktion seiner Produkte verhelfen. Kapital ist nach Marx nicht als Ding, sondern als Produktionsverhältnis zwischen Menschen aufzufassen.

In einem weiteren Kapitel beschäftigt sich Sorg mit der ökonomischen Grundlage politischer Vorstellungen. Hier nimmt sich Sorg besonders der Kategorien „Freiheit" und „Gleichheit" an, deren ideale Zielvorstellungen mit der ökonomischen Realität im 18./19. Jahrhundert im starken Kontrast standen. Die Leitworte der französischen Revolution, die ja besonders mit dem Wort „Brüderlichkeit" durchaus religiöse Traditionen hatte, wurden Ende des 18. Jahrhunderts dem ersten und zweiten Stand abgenommen, dann von radikal-sozial engagierten Gruppen (z.B. Jakobiner) verwendet und schließlich vom Großbürgertum (z.B. Girondins) übernommen. Nach der „antifeudalen Front" zeigten die Leitworte in den verschiedenen Klassen der Waren produzierenden Gesellschaft verschiedene Gesichter.[34] Nach Sorg waren die Maßnahmen, die z.B. die preußische Bauernbefreiung kennzeichnen, die Einführung der Gewerbefreiheit, die Abschaffung adliger Privilegien und die Aufhebung persönlicher Bindungen zwischen Bauern und grundherrlichem Adel, notwendig „für eine weitere ungehinderte Produktivkraftentwicklung."[35] Die Leitworte, die gegen den Adel eine Vielfalt gesellschaftlicher Gruppen mobilisierten, zeigten sich nach Sorg in der Gegenüberstellung Lohnarbeiter-Produktionsmitteleigentümer als Scheinideale.

Max Horkheimer schrieb Ende der 1950er Jahre im Zusammenhang mit dem Begriff des Liberalismus über die Kluft zwischen der Idealvorstellung der Bürgerrechte und sozialer Realität:

„Die Existenz des europäischen Liberalismus zeitigte die Theorie der Gesellschaft, sie folgte schlüssig aus den bürgerlichen Prinzipien selbst, denn die neue Freiheit erwies sich eben so sehr als Freiheit ökonomischer Machtentfaltung, die Gleichheit als Vordergrund gigantischer Unterschiede von Einkommen und Besitz und die Brüderlichkeit als die durch wirtschaftlichen Druck und Manipulation erzeugte Bereitschaft zu kollektivem Aufbruch."[36]

---

34 Vgl. Sorg, S. 44.
35 Vgl. ebd., S. 43.
36 Horkheimer, Max: Soziologie und Philosophie, in: Sociologica II. Reden und Vorträge von Max Horkheimer und Theodor W. Adorno. Bd. 10. Frankfurt a. M. 1967, 2. Aufl., S. 6.

## 6. Die Weiterentwicklung des Ideologiebegriffs durch Lenin und der Charakter des sozialistischen Bewusstseins

Nach Sorg baute die Leninsche Ideologietheorie auf der marxistisch-materialistischen Methode auf. Die Basis-Überbaulehre und die Erkenntnis der Zersplitterung der bürgerlichen Gesellschaft in verschiedene Klassen wurden übernommen. Nach Sorg fasste Lenin den Begriff „Ideologie" als klassengebundenes Bewusstsein auf. Das Klassenbewusstsein kann sich nach Lenin mit den marxistisch-wissenschaftlichen Erkenntnissen verbinden, vorausgesetzt ihr gesellschaftlicher Träger ist eine „objektiv fortschrittliche Klasse", die sich „ihrer gesellschaftlichen Stellung und ihrer historischen Rolle" bewusst ist.[37] Die Leninsche Imperialismustheorie hat die Formen der Produktionsverhältnisse zum Gegenstand, die von Monopolen, von großen Kapitalkonzentrationen, verteilt auf wenige Menschen, geprägt waren.

Seit der Lebenszeit von Marx hatte die Arbeiterklasse international zugenommen, ihre Organisationen und ihr Bewusstsein waren qualitativ gewachsen. Der theoretische Ausdruck für die proletarische Bewegung war nach Engels der „wissenschaftliche Sozialismus". Seine letztendliche Zielsetzung bestand in 'der Besitzergreifung der Produktionsmittel durch die Gesellschaft' als Lösung des Konflikts zwischen Produktionsmitteleigentümern und Lohnarbeitern.[38] Man glaubte, dass „die zu fremden Mächten verselbständigten Lebensbedingungen" so „unter die Kontrolle der gesellschaftlichen Individuen treten" könnten.[39] Nach Engels konnte die Arbeiterklasse diesem Ziel nur näher kommen, wenn es ihr mit Hilfe „wissenschaftlicher Einsichten" gelänge, das Wesen der kapitalistischen Warenproduktion zu durchschauen.[40] Die Schwierigkeit zur Erfüllung der Zielsetzung des wissenschaftlichen Sozialismus war nach Sorg mit der Frage der Bildungsverteilung verbunden. Arbeiter waren vom Wissenschaftsbetrieb weitgehend ausgeschlossen. Sorg erklärt dieses Faktum zum einen mit der für den Menschen negativen Auswirkung der Arbeitsteilung, zum anderen damit, dass geistige Arbeit von bürgerlichen Intelligenzlern monopolisiert wurde.[41]

Bekanntlich engagierten sich auch Marx und Engels für die Sache der Arbeiterbewegung. Allgemein kann nach Sorg die Arbeiterbewegung mit Hilfe von wissenschaftlichen Erkenntnissen und Methoden in Verbindung mit dem sozialen Interesse den

---

37 Sorg, S. 53.
38 Zitiert nach Sorg, S. 53.
39 Ebd., S. 53.
40 Ebd., S. 54.
41 Ebd., S. 54.

Oberflächenschein der bürgerlichen Gesellschaft durchschauen. [42]
Dem oft erhobenen Einwand, die Bürgerlichen Marx und Engels widerlegten mit ihrer Herkunft die Glaubwürdigkeit ihrer auf materialistischem Ansatz fußenden Theorie, begegnet Sorg mit folgenden Vorstellungen von Marx und Engels:
Die Engelsche Vorstellung von der relativen Selbstständigkeit des Überbaus hält zweierlei Erklärungsversuche bereit[43]:
a) Das Bewusstsein der Massen wie das der Theoretiker könne den realen Widersprüchen in der Gesellschaft zeitlich folgen.
b) In Anknüpfung an alte Gedanken könne das Bewusstsein „latente Tendenzen" in der Gesellschaft vorwegnehmen.

Sorg zitiert das Kommunistische Manifest, indem es heißt, dass in entscheidenden Klassenkampfzeiten kleine Teile der herrschenden Klasse zu der revolutionären Klasse stoßen können, so wie ein Teil der Adelsschicht in der großen französischen Revolution mit bürgerlichen Kräften gemeinsame Sache machte.[44] Für Lenin beschränkte sich die Zahl der in einer Gesellschaft vorkommenden Ideologien auf eine, nämlich entweder auf die bürgerliche oder die sozialistische.[45] Maschinenstürmerei, Streiks und 'Nur-Gewerkschaftlerei' stellten nach Lenin 'Keimformen' des bewusst geführten Klassenkampfes dar. Die schwierige Aufgabe, das Bewusstsein der Arbeiter einerseits vor den ideologischen Einflüssen der kapitalistischen Warenproduktion zu schützen, andererseits die Keimformen des Bewusstseins der Arbeiter auf den Stand des politischen Klassenbewusstseins zu heben, ist nach Lenin die der politischen Organisation, der Partei. Die Partei als bewusstester, mit dem Instrumentarium des „wissenschaftlichen Sozialismus" ausgerüsteter Teil arbeite in der bürgerlichen Gesellschaft als eine „Vorform" eines sich entwickelnden sozialistischen Überbaus.[46]
Ausarbeitung, Verbreitung und Vermittlung des sozialistischen Klassenbewusstseins bleiben ein Prozess innerhalb der organisierten Arbeiterbewegung.[47]
Lenin umschreibt den Begriff Marxismus mit 'Lehre des wissenschaftlichen Sozialismus' oder fasst ihn auch als 'wissenschaftliche Ideologie'.[48]

---

42 Sorg, S. 55f.
43 Ebd., S. 55f.
44 Ebd., S. 55f.
45 Ebd., S. 57.
46 Ebd., S. 58.
47 Ebd., S. 59.
48 Ebd., S. 59.

Die Erkenntnisse, deren sich der wissenschaftliche Sozialismus bediene, bestehen nach Sorg in der Erfassung „der ökonomischen und sozialen Gesetzmäßigkeiten kapitalistischer Entwicklung."[49] Nach Sorg verschließt die Parteinahme eines Klasseninteresses für wissenschaftliche Methoden nicht unbedingt den Weg zur Erkenntnis einer Wirklichkeit. Die Parteilichkeit eines Klasseninteresses, eines Klassenbewusstseins charakterisiere die Position, die die „sozialen Träger" einer Ideologie gegenüber der Wissenschaft einnähmen.[50]

## 7. Schlussteil

Sorg fasst im ersten Teil seines Buches insbesondere Probleme zusammen, mit denen sich Marx bei seiner Kritik an den Produktionsverhältnissen der von ihm beobachteten Gesellschaft seiner Zeit beschäftigte. Sorg verwendet die von Marx aufgestellten Kategorien und versucht, die durch sie zusammengefassten Kontexte und Probleme auf kurzem Raum klar zu machen. Unbefriedigend für den Leser bleibt die Charakterisierung der Weiterentwicklung des Ideologiebegriffs durch Lenin. Der Hinweis auf die Leninsche Imperialismustheorie, die Leninsche Forderung nach einer organisierten, parteimäßig ausgerichteten Arbeiterklasse, die Verurteilung des Gewerkschaftswesens und die Versteifung auf eine ideologische entweder-oder Position können eine solche Charakterisierung nicht erschöpfen. Dieses Kapitel kann der Leser nur als Diskussionseinleitung sehen, die als solche zu würdigen ist.

Zu fragen bleibt auch, ob der erste Teil des Buches, die Auflistung essentieller marxistischer Grundprobleme, vom Autor als isolierter Diskussionsbeitrag gedacht ist oder für die nachfolgende Ideologiediskussion als Lesehilfe konzipiert wurde.

Offensichtlich vermittelt Sorg dem Leser im ersten Teil seines Buches einen kurzen Einblick in marxistische Grundprobleme. Der materialistische Ansatz, die Basis-Überbaulehre, die Arbeitswerttheorie, die von Sorg verwendete neomarxistische Beschreibung des Ideologiebegriffs und die Kurzcharakteristik des Ideologiebegriffs durch Lenin könnten dann in der folgenden Ideologiediskussion den Rahmen umschreiben, an dem sich Sorg argumentativ orientiert. Der zweite Schritt, eine Zusammenfassung der Kritik Sorgs an bürgerlichen Ideologietheoretikern geht über die Aufgabenstellung des Referats hinaus.

---

49 Sorg, S. 59.
50 Ebd., S. 60f.

# 8. Literaturliste

Sorg, Richard: Ideologietheorien. Zum Verhältnis von gesellschaftlichem Bewusstsein und sozialer Realität. Köln 1976

Marx, Karl: Das Kapital I. Abschnitt II. Ware und Geld.

Das Kapital I. Abschnitt V. Die Produktion des absoluten und relativen Mehrwerts.

Das Kapital III. Abschnitt VII. Die Revenuen und ihre Quellen.

Zitiert in: Herbert Reinoss (Bearb.): Marx, Karl. Eine Auswahl aus seinem Werk. Gütersloh o.J., S. 363-417; 496-506; 557-574.

Siegfried Landshut (Hrsg.): Marx, Karl: Die deutsche Ideologie, in: Die Frühschriften. Stuttgart o.J., S. 361ff.

Lemberg, Eugen: Ideologie und Gesellschaft. Eine Theorie der ideologischen Systeme, ihrer Struktur und Funktion. Stuttgart 1971.

Horkheimer, Max: Soziologie und Philosophie. In: Sociologica II, Reden und Vorträge. Bd. 10. Frankfurt a. M. 1967, 2. Aufl., S. 6.

# BEI GRIN MACHT SICH IHR WISSEN BEZAHLT

- Wir veröffentlichen Ihre Hausarbeit, Bachelor- und Masterarbeit

- Ihr eigenes eBook und Buch - weltweit in allen wichtigen Shops

- Verdienen Sie an jedem Verkauf

Jetzt bei www.GRIN.com hochladen und kostenlos publizieren